PIÈGES

RELATIVES

A LA PROSCRIPTION DU GÉNÉRAL MENDEZ DE VIGO,

INSÉRÉES PAR LUI DANS LES BROCHURES QUI ONT POUR TITRE :

L'ESPAGNE ET L'AMÉRIQUE AU PROGRÈS.

I.

Extrait de la brochure: l'Espagne et l'Amérique au progrès, *publiée le* 31 *octobre* 1834.

A SON EXCELLENCE M. LE MINISTRE DE L'INTÉRIEUR.

M. le Ministre ,

J'ai l'honneur de remettre à votre Excellence, copie littérale d'une nouvelle représentation que je viens d'adresser à S. M. la reine gouvernante d'Espagne par la voie réservée , attendu que depuis le factum que j'ai soumis à V. E. le 22 juillet dernier , trois mois se sont écoulés sans que j'aie reçu aucune réponse, et qu'au contraire j'ai eu connaissance d'un nouvel incident qui prouve que ma position vis-à-vis du gouvernement d'Espagne n'a changé en rien.

Vous n'ignorez pas, M. le ministre, que ledit factum du 22 juillet, vous a été adressé par moi , après que la voie de l'ambassade d'Espagne m'eut manqué ; vous n'ignorez pas non plus que l'intimation à moi faite par les ordres de V. E. le 20 juin, a été le motif de toute cette question , laquelle mérite, M. le ministre, une haute attention , puisqu'elle a mis en évidence combien était illusoire le décret d'amnistie du 15 octobre 1832.

V. E. me permettra ici de résumer en peu de mots les faits. L'annonce de ce décret nous fut faite par les ministres de la guerre et de l'intérieur dans les termes suivans : « Un décret royal publié à Madrid , le 15 octobre dernier, a déclaré que tous les Espagnols émi-
« grés et exilés pour délits politiques, sont libres de rentrer dans leurs
« foyers, de recouvrer la possession de leurs biens , l'exercice de leur
« profession ou industrie , et la jouissance de leurs titres et honneurs
« sous la protection assurée de la loi.—Sont seulement exceptés ceux
« qui ont déclaré la déchéance du roi à Séville , et ceux qui ont com-
« mandé des forces armées contre sa souveraineté. » — Après que toutes les exceptions furent abolies, il existait toujours, et il existe encore contre moi , un procès politique auquel on avait donné les couleurs d'un procès criminel ordinaire quant au fond , et dont on avait chargé, contrairement aux lois du royaume, un commissaire spécial ; je fus condamné à mort et à être écartelé , et mes biens furent mis sous séquestre. D'ailleurs , malgré l'amnistie on refuse de reconnaître mon grade militaire, conféré pourtant par royale patente signée Ferdinand VII , alors roi constitutionnel.—Au mois de septembre dernier on a fait passer le dossier dudit procès à l'audience (cour royale) de la Corogne, apparemment pour lui donner un air plus régulier et

(2)

couvrir par l'autorité d'un tribunal constitué l'inique partialité qui a suggéré la formation de ce procès. V. E. verra dans la représentation à la reine gouvernante dont je joins copie, que je proteste contre tout acte, autre que l'annulation et abolition complète de tout procès semblable. — Quant à mon grade militaire, V. E. se sera persuadé de la justice de ma réclamation, ayant vu que la chambre des procuradores a demandé à la reine la réparation en masse de ces injustices — Ne pouvant donc profiter de l'amnistie, je dois espérer que V. E. suspendra les mesures dont vous m'avez fait donner connaissance le 20 juin dernier, et dont la partie relative aux subsides a déjà reçu exécution puisque j'en suis privé depuis le 31 juillet. Ils m'ont été pourtant accordés par une décision royale datée du 16 décembre 1829, à cause de l'impossibité de rentrer en Espagne, et ils n'ont pas été révoqués par une autre décision royale. V. E. me permettra d'y ajouter la réflexion que lors même que les procuradores ne reconnaîtraient pas la somme accordée à la France pour remboursement de frais résultant de la guerre, le gouvernement français ne ferait que justice en m'indemnisant en quelque manière de la solde de maréchal de camp et du revenu de mes biens, puisque j'ai été arraché à une position où je jouissais de l'une et de l'autre, par les forces françaises dont les bayonnettes ont servi d'escorte pour me conduire comme prisonnier en France, et malgré un pacte sacré, je fus livré aux brigands de l'armée de la foi qui me firent éprouver toute sorte de mauvais traitemens, et c'est comme par miracle que je ne fus pas assassiné.— J'ai l'honneur d'être, etc. Le 26 octobre 1834.   P. MENDEZ DE VIGO.

Cette demande a été remise à M. le préfet de police qui s'est chargé de la remettre lui-même à M. le ministre.—S. E. a décidé de suite que l'assistance du gouvernement français me serait continuée.

Représentation adressée a S. M. la Reine, par la voie réservée.

Madame,

Don Pedro Mendez de Vigo, maréchal de camp des armées nationales de l'époque constitutionnelle, à V. M., avec le respect le plus profond, fait l'exposé suivant concernant son séjour en France, même après la publication du décret de V. M. qui paraissait abolir toutes les exceptions à l'amnistie.

Le motif pour lequel l'exposant retarde sa rentrée en Espagne, et qu'il a indiqué le 26 juin à l'ambassadeur de V. M. près cette cour, est qu'il ne saurait regarder cette amnistie comme complète tant qu'existent encore des procès politiques nés dans l'époque susdite; tant que reste en vigueur l'annullation en masse des grades conférés par le gouvernement constitué de 1820 à 1823.

L'ambassadeur de V. M. ne pouvant donner une solution à cette difficulté, laissa l'exposant maître de diriger par son canal une représentation à V. M. L'exposant s'empressa de lui en présenter une, mais sans réussir, car M. l'ambassadeur lui répondit qu'il ne pouvait donner cours à sa représentation, vu que l'exposant

y avait fait une analyse du système inique qu'on avait suivi dans la
formation de ce procès et dans la condamnation de l'exposant à la
peine capitale et à être écartelé; comme aussi parce qu'il avait pris le
titre de maréchal de camp, grade qui pourtant lui a été conféré par
royale patente, expédiée le 20 juillet 1823 par le roi constitutionnel
d'Espagne, en lui assignant la jouissance au 7 du même mois (1).

La voie naturelle par laquelle l'exposant devrait s'entendre avec le
gouvernement de V. M. lui étant fermée, il a transmis son
compte rendu au ministre de l'intérieur de France, de qui il dépend
par les subsides qu'on lui a assignés comme *général capitulé*, et dont
il jouissait encore alors. Il remit à cette occasion audit ministre l'original de la représentation adressée à V. M. pour qu'elle pût arriver à sa destination, si M. le ministre voulait bien s'en charger.
Mais les subsides lui ont été retirés et de la représentation il n'a plus
entendu parler (2).

Dans ce moment, et indépendamment des démarches faites par l'exposant, il a appris avec la plus grande surprise qu'on fait passer à la
cour royale de la Corogne, le dossier de ce procès qui, au mois de
septembre, était encore entre les mains du juge commissaire chargé
des fins résultant du jugement rendu et de la condamnation à mort
de l'exposant. L'exposant ignore quel est l'objet de ce nouvel acte,
mais il proteste et il doit protester contre tout acte qui aurait pour
but autre chose que l'annullation dudit procès comme s'il n'eût jamais
existé, la délivrance de ses biens qui sont encore séquestrés par suite
de ce procès, et la restitution de tout ce qui eut appartenu à l'exposant depuis le jour de la séquestration de ses biens.

Ce qui a donné lieu à ce procès, c'est une mesure de rigueur
prise dans l'intérêt de la conservation de la place de la Corogne.

Le parti fanatique qui a comblé l'Espagne de malheurs et qui dans
ce moment déploie l'étendart de la révolte, ne pouvant pardonner
à l'exposant l'inflexibilité avec laquelle il a la satisfaction d'avoir dé-
fendu la cause constitutionnelle, s'avisa d'interpréter cette mesure
comme un acte privé, et de le faire juger, non par les tribunaux,
mais par commission spéciale, ce qui est contraire aux lois du
royaume. Commission dont fut chargé un juge factieux, l'exécrable
Salelles, qui la mena à bout avec tout l'acharnement qu'on pouvait
attendre de lui. Il ne suffit pas que l'on vienne maintenant corriger
le procédé suivi jusqu'à présent dans ce procès. Sa seule existence
détruit l'essence de toute amnistie, et consentir que tel procès existe,
c'est prouver que le gouvernement actuel est complice des partialités
antérieures, et que le combat qu'il soutient contre le parti carliste,
n'est qu'un combat entre deux drapeaux de différente couleur, mais
ayant la même inscription.

Le premier décret publié par l'autorité bienfaisante de V. M. ne

---

(1) Maintenant que les avancemens obtenus du gouvernement constitutionnel
ont été reconnus par le décret du 30 décembre 1834, il n'y a plus matière à contes-
tation à ce sujet.

(2) Les copies de ces pièces depuis n° 1 à 13 font voir en détail tout ce qui s'est
passé dans cette affaire. Elles se trouvent dans la brochure publiée par le général
Mendez de Vigo ayant pour titre *las Horcas caudinas.*

démontrait que l'intention de faire tout ce qui était possible pour la sûreté et l'honneur des émigrés. Il est dit : « J'accorde l'amnistie la « plus générale et la plus complète que les rois aient publiée jusqu'à « présent. Sont exceptés seulement, et bien contre mon gré, a dit « V. M., ceux qui ont eu le malheur de voter la déchéance du roi à « Séville, et ceux qui ont commandé en chef des forces armées contre « sa souveraineté ».

Il n'y a donc que deux catégories ; l'exposant était compris dans la seconde. Plus tard le sinistre apostolicisme parvint à les augmenter. On dut croire au moins qu'il n'y en avait d'autres que celles désignées dans les décrets royaux. Mais maintenant qu'elles ont été toutes abolies, il n'est pas à croire que l'on veuille faire durer encore les réactions politiques dans ce qu'elles ont de plus injuste et de plus blessant pour la cause que nous avons défendue et pour l'honneur de chacun en particulier.

Mais si en effet il n'existe plus d'exception à l'amnistie, il est trop incompatible avec l'honneur de l'exposant qu'on en fasse une particulièrement à l'égard de lui. Ce qui se passe maintenant dans les provinces soulevées, suffit pour faire voir combien on peut trouver que dans certaines circonstances des mesures de rigueur sont nécessaires. Si sur le motif d'une mesure de rigueur indispensable dans la situation où se trouvait la place de la Corogne et à laquelle l'exposant prêta aide avec toute son influence, son énergie et son autorité, on veut le juger pour excès de rigueur, qu'on juge aussi la conduite vraiment criminelle de ceux qui ont été les auteurs de tant de malheurs depuis 1822 jusqu'au moment où V. M. prit les rênes du gouvernement. Qu'on juge aussi la faiblesse, le parjure, la perfide trahison de ceux qui ont déserté, qui ont perdu la cause constitutionnelle ; alors l'exposant dans sa noble ligne de patriote ne se refusera pas à subir le sort commun et à justifier les faits dont on pourrait faire peser sur lui la responsabilité.

Lorsque l'exposant réfléchit que ses représentations ont dû passer par la filière des hommes employés au service de V. M. à Madrid et à Paris qui se trouvent précisément dans l'un ou l'autre des cas indiqués, alors il comprend pourquoi ces représentations sont restées sans effet, et c'est là le motif qui l'a déterminé à diriger la présente par la voie réservée.

Les remarques que l'exposant a faites par rapport au procès dont le comte d'Ofalia l'a menacé et dont il a voulu faire un moyen de flétrissure en affirmant le fait controuvé que ce procès est pendant pardevant les tribunaux de Galice, tandis qu'au mois de septembre dernier, il se trouvait entre les mains d'un juge commissaire successeur ou l'un des successeurs du factieux Salelles qui l'avait formé et jugé en dépit de lois ; ces mêmes remarques, dis-je, sont également vraies par rapport à cette dégradation en masse des fonctionnaires constitutionnels. Il est déjà dit que le décret du 15 octobre 1832 ne prononce pas cette dégradation. Si les intentions ont changé depuis, ce n'a pu être que l'œuvre d'un parti, ennemi acharné des vrais patriotes, œuvre que, par malheur, ont voulu continuer d'autres qui se disent les serviteurs de votre fille auguste, la reine Isabelle II. Mais la nation dont V. M. est la reine gouvernante ne sera jamais mieux servie que lorsque V. M. marchera suivant les conseils et avec l'appui de ceux qui ont su rester *toujours* fidèles à leurs principes et à leurs sermens. Maintenir encore aujourd'hui ces dégradations, ce serait n'avoir d'autre but que de marquer du sceau de l'infamie les choses et les hommes du système constitutionnel ; et par quels hommes? ceux qui étant députés aux Cortès avaient juré de garder et de maintenir la constitution de la monarchie espagnole , et qui depuis, en qualité de ministres, ont répété le même serment. Il est vrai qu'alors (ceci est de notoriété publique) ils ont conspiré contre cette même constitution, ce qui ne pouvait aboutir et n'a effectivement abouti qu'à une suite de calamités qui ont écrasé cette malheureuse nation. Est-ce qu'une telle combinaison peut convenir à V. M.? Non, pas plus qu'elle ne peut être tolérée par d'anciens serviteurs de la nation que l'on voudrait abattre sous le poids de la misère et des persécutions.

Pleinement convaincu que l'intention de V. M. n'est ni n'a été de s'opposer à la satisfaction générale , ni d'exclure aucun des fils de l'Espagne de la jouissance du sol natal , l'exposant se croit fondé a élever cette représentation à la haute connaissance de V. M.; il espère que pénétrée de la justice des griefs qu'elle embrasse, V. M. daignera faire droit à ses réclamations. N. S. garde la vie importante de V. M. de longues années. — Aux R. P. de V. M.— Le maréchal de camp , P. Mendez de Vigo.—Paris, 22 octobre 1834, rue de Chaillot, n° 76, maison de santé du docteur Pinel.

II.

Extrait de la brochure l'Espagne et l'Amérique au progrès, *publiée le 20 mars 1835.*

Monsieur l'éditeur,

Malgré l'amnistie qu'on décore du titre majestueux de *complète* , le gouvernement actuel d'Espagne poursuit sans relâche la formation des procès et l'exécution des arrêts de mort que l'honneur et le patriotisme valurent à plusieurs Espagnols dans la réaction malheureuse de 1823. Pour se justifier, les hommes qui se sont emparés du pouvoir, confondent malicieusement et les choses et les circonstances , et classent dans la catégorie des délits communs des actes purement politiques, nécessités par les besoins impérieux de l'époque.

En continuant non-seulement cette tactique perfide de la faction apostolique, inventée pour noircir de pareils actes, ou si l'on veut, une justice peut-être trop rigoureuse , mais le langage dont cette faction s'est servi pour incriminer toute l'époque constitutionnelle, on a le même objet en vue: comme les carlistes, les hommes de l'*estatuto* prétendent ainsi discréditer la cause libérale et placer dans une fausse position ses défenseurs les plus zélés, afin de les anéantir, ou de les obliger à passer sous les *fourches-caudines* , pour retourner en Espagne.

C'est dans mon intérêt, dans l'intérêt de plusieurs autres patriotes

qui sont dans un cas semblable, et en faveur du principe constitutionnel, que je me suis opposé à un tel système de persécution, et
dans mes *représentations* à S. M. la reine gobernadora, et dans la
brochure des *Fourches-Caudines*, où j'ai réuni assez de preuves pour
dissiper les calomnies de mes ennemis personnels qui ne sont pas
d'autres que les ennemis de la constitution.

Le zèle avec lequel vous soutenez la cause de la liberté vous a fait
accueillir et publier dans votre n° du 31 octobre, la consultation que
j'adressai à S. M., par la voie réservée, lorsque M. le duc de Frias se
refusa à la lui faire parvenir par le canal de son ministère. Si pendant
ce laps de temps je me suis abstenu de publier les observations que
je livre à la presse aujourd'hui, c'est que je m'étais résigné à ne pas
troubler le silence qui doit accompagner la solennité d'une amnistie,
et à attendre en paix le résultat définitif de mes suppliques. Mais,
comme d'abord il n'en est rien résulté, et ensuite mes ennemis ayant
profité de ma modération pour pousser en avant leur système d'ac-
cusations et de calomnies, vous voyez bien, Monsieur, que je suis
forcé de me défendre, et que ma défense doit être celle qui convient
à un homme de mon caractère et à une cause aussi juste et aussi
bonne que la mienne : qu'on ne s'étonne donc pas si, dans la contes-
tation des débats que je n'ai pas provoqués et dans lesquels on n'a
pas eu pour moi le moindre égard, je sacrifie toute considération
personnelle à l'intérêt de ma justification. Les hauts emplois des
personnes que j'attaque les font profiter d'une impunité, sans
laquelle, je suis sûr, ils n'oseraient pas donner un tel essor à leur
impudence.

J'espère que vous trouverez dans les documens ci-joints et dans
les remarques qui les accompagnent, quelque chose qui intéresse
l'honneur des hommes et la vérité des choses de la constitution espagnole de 1812. Si vous jugez cela digne de votre public, j'ajouterai
ici que M. le ministre de l'intérieur transmit une copie de ma
représentation du 22 octobre à M. le ministre des affaires étrangères,
et que celui-ci, en la passant à M. le duc de Frias pour qu'il
l'envoyât à sa cour, lui demanda *officieusement*, si je pouvais rentrer
en Espagne, ou non, par suite du décret d'amnistie. Il semble que
la délicatesse eût dû conseiller à M. le duc, par cela même qu'il était
mentionné dans ma consultation, de se contenter de provoquer la
résolution du gouvernement, et d'éviter une explication dans laquelle
son opinion ne pouvait avoir d'autre valeur, si elle en devait avoir
quelqu'une, que la valeur d'une opinion de parti. Son Excellence
cependant ne put résister à un *accès de philanthropie*, et écrivit le
commentaire qu'on lit dans la lettre de M. le ministre des affaires
étrangères, et dont voici la copie littérale :

Paris, le 18 déc. 1833. Copie. — Ministère des affaires étrangères. —
Direction politique. Monsieur et cher collègue, en transmettant à
M. l'ambassadeur d'Espagne la supplique du général Vigo qui se
trouvait jointe à votre lettre du 11 novembre dernier, je l'avais prié
de me faire connaître quelle était la véritable position de ce général,
et notamment si le gouvernement de la reine s'opposait au retour de
M. de Vigo en Espagne. — M. le duc de Frias me répond que pour ce
qui est de la faculté de rentrer en Espagne, il pense que son gouver-

tiement n'a jamais eu l'intention d'en priver M. de Vigo, depuis que le décret du 20 mai de cette année n'a plus laissé subsister aucune des exceptions contenues dans le décret d'amnistie du 20 octobre 1832. —Quant à la condamnation à mort prononcée contre le général et aux faits qui l'auraient motivée, M. de Frias cite comme étant de notoriété publique en Espagne qu'en 1823, à l'époque où le général Vigo commandait à la Corogne, 51 détenus politiques furent retirés à l'approche des troupes françaises du fort San-Anton où ils se trouvaient emprisonnés, qu'ils furent embarqués, poussés en mer et, sans jugement préalable, noyés en vue du port avec des circonstances d'une atrocité révoltante.—Au retour de Ferdinand VII, les auteurs de ces noyades furent activement poursuivis.—On décréta le séquestre des biens de tous ceux qui se trouvaient compromis dans cette affaire, et une sentence de mort fut prononcée contre eux. Le général Vigo, impliqué dans ces poursuites, à raison des importantes fonctions qu'il exerçait alors, en subit la conséquence. — M. l'ambassadeur d'Espagne pense que, d'après ces précédens, M. de Vigo, qui sait mieux que personne la part que peut réclamer la politique dans la sentence de mort portée contre lui, saura également si ses moyens de défense lui permettent aujourd'hui d'invoquer la justice des tribunaux ou la clémence de la reine. Il assure que dans l'un et l'autre cas, le général Vigo le trouvera toujours disposé à transmettre à Madrid toute demande qu'il désirerait y faire parvenir par son intermédiaire.—Agréez, etc —Pour le ministre et par autorisation, le conseiller d'état directeur.—Em. Desayes.—Pour copie conforme, le directeur du cabinet au ministère de l'intérieur.—River.

Paris, le 26 déc. 1834.—Copie.—Ministère de l'intérieur.—Direction du cabinet.—Bureau des réfugiés.—Communication relative au général Vigo.—Monsieur le préfet, j'ai l'honneur de communiquer ci-joint, copie certifiée d'une lettre de M. le ministre des affaires étrangères, présentant la réponse de M. l'ambassadeur d'Espagne sur la question de savoir si la faculté de rentrer dans ce royaume est permise ou refusée par la cour de Madrid à M. le général Mendez de Vigo.—Les détails révélés par M. le duc de Frias impriment à la position du général, un caractère tout différent de celui qu'elle avait avant les deux décrets d'amnistie de la régente.—Je n'ai, M. le préfet, aucune réflexion à ajouter à cette communication. Je vous prie seulement d'en donner connaissance à M. de Vigo, et de lui faire sentir la convenance d'user des voies qui lui sont ouvertes pour purger sa coutumace ou implorer la clémence royale. — M. de Vigo appréciera, je l'espère, les sentimens qui me portent à lui conserver l'assistance du gouvernement français pendant le laps de temps nécessaire à l'obtention de ses lettres de grâce.— Je me plais, du reste, à ne point douter que le général ne s'empresse de hâter, par tous les moyens en son pouvoir, le terme des sacrifices consentis aujourd'hui en sa faveur. Agréez, etc. Le ministre de l'intérieur, A. Thiers. —Pour copie conforme, River.

A son excellence M. le ministre de l'intérieur. — Monsieur le ministre, communication de votre lettre du 26 décembre et de l'incluse du 18 de M. le ministre des relations extérieures m'a été donnée par M. le préfet de police. — A l'égard de l'incluse, ce n'est point ici que j'ai à m'en défendre. Quand le temps en sera venu, je réfuterai les imputations qu'elle contient, je démontrerai par la publicité et par l'exposé des faits que je n'ai point dévié des principes d'honneur qui ont toujours été la base de ma conduite ; et que, jusqu'au dernier moment, j'ai rempli le mandat qui m'avait été imposé par le gouvernement constitutionnel de Ferdinand VII. — Ce que je tiens pour certain aujourd'hui, c'est que les documens transmis par M. le ministre des affaires étrangères lui sont venus d'une source partiale, ennemie et calomniatrice. — Partiale, en ce qu'ils viennent d'hommes qui se sont élevés sur les ruines de leur patrie, tandis que j'employais mon bras et mon sang pour la défendre. — Ennemie, en ce que, trahissant leurs devoirs et vendus à l'avance, ils doivent détester ceux dont la droiture et le patriotisme font perpétuellement leur procès. — Calomniatrice, en ce qu'ils dénaturent les faits, et imputent à crime des actes qui n'appartiennent qu'à la sévérité, et dont la nécessité a pu faire un devoir. — A l'égard de votre lettre du 26, je ne puis que vous remercier de la continuation de votre assistance. — Je ne sais trop que répondre à son deuxième paragraphe, car le mot révélé ne peut s'appliquer à un tissu de mensonges ; et, quant au changement de position, je ne le vois que dans l'avenir, conservant ma qualité de général capitulé, jusqu'à ce que M. le ministre juge lui-même que je puis sans danger rentrer en Espagne. — J'espère que les sacrifices que la générosité française a vot s en faveur des réfugiés politiques cesseront bientôt pour ce qui me concerne. — Je vous remets ci-joint une nouvelle suplique que j'adresse à la reine. Je ne doute pas que S. M., quand elle en aura pris une connaissance personnelle, ne dissipe les obstacles qui s'opposent à ma rentrée. Elle daignera me rendre justice, car ce n'est pas d'elle que peut venir cette injonction de recours à sa clémence, qui se trouverait si peu d'accord avec sa complète amnistie, et qui attaquerait à l'avance le zèle de ses serviteurs, en faisant planer sur leur tête la crainte de voir leur dévouement livré à des interprétations perfides. — Peut-être M. le ministre, en faisant passer par la voie diplomatique mes supliques à S. M., pourra-t-il abréger un temps d'incertitude onéreux et me rendre un service signalé. — C'est avec ces sentimens que je supplie M. le ministre d'agréer l'expression de mes remercimens et de mon profond respect. — J'ai l'honneur d'être, M. le ministre, votre très-humble serviteur. — P. Mendez de Vigo, maréchal de camp. — Paris, le 20 février 1835. - Rue de Chaillot n° 76, maison de santé du docteur Pinel.

Copie de la représentation adressée à S. M. la Reine.

Madame,

Le maréchal de camp don Pedro Mendez de Vigo, aux royaux pieds de V. M. expose : que le 5 juillet il remit à M. l'ambassadeur, duc de Frias, le Mémoire pour S. M., coté n° 1, et ci-joint, lequel me fut renvoyé par M le duc sur la supposition que cette supplique renfermait une attaque contre le caractère personnel du roi défunt. Ainsi, resta fermée pour moi, indirectement, la voie naturelle dont je pouvais me servir.

Dans cette situation, je fis connaître à M. le ministre de l'intérieur, à Paris, ce qui se passait, avec prière de faire parvenir ma respectueuse représentation à la haute connaissance de V. M., de la manière qu'il jugerait la plus convenable : en même temps, croyant ma réputation compromise, je fis imprimer un Mémoire par lequel j'expliquai les causes qui retardaient ma rentrée dans mon pays, et j'essayais d'attirer l'attention du gouvernement de V. M. sur ce que réclamait, selon mon opinion, le bien public. — Trois mois après, apprenant que les procès, illégalement intentés en 1823, étaient dévolus et renvoyés aux royales audiences, malgré l'abolition des commissions spéciales qui les avaient instruits et jugés, je fis une nouvelle représentation à V. M., par la voie réservée, dont copie est ci-jointe, n° 2, protestant contre la continuation de ces sortes de procès, demandant leur abolition, comme je l'avais fait dans le précédent Mémoire.

Aujourd'hui, Madame, je sollicite de nouveau de V. M. une décision sur une réclamation aussi juste que bien fondée. Je renouvelle ma supplique; elle a pour objet d'obtenir la suppression du procès instruit illégalement à la Corogne, et sous le faux caractère de délit commun, sur les évènemens qui eurent lieu pendant le siége de cette place, en 1823, et que mes biens, séquestrés par suite de ce procès, ainsi que tout ce qui m'appartient et ce qui m'appartenait à cette époque, me soient restitués.—Malgré que les faits énoncés dans ma supplique soient patens, et quoique je les aie fait valoir dans mes représentations précédentes, je demande respectueusement à V. M. qu'il me soit permis de récapituler ici les raisons qui prouvent que ledit procès est nul dans la forme et au fond.

1° Parce que l'instruction en fut confiée à un juge spécial, au mépris des lois du royaume, qui n'autorisent point de pareilles procédures, et que, par cette seule circonstance qu'on a dévié des formes régulières de la justice, ce procès a un caractère politique très menaçant pour la sûreté des citoyens. Les jugemens obtenus par ces moyens sont de véritables actes politiques, et ne doivent plus subsister après une amnistie. 2° Ce procès roule sur des actes commis pendant la guerre, dans une position de combat, pendant un siége. Ce ne furent point des actes d'une agression individuelle, dont l'idée est incompréhensible dans la position qu'avait l'exposant, et celle qu'avaient les factieux qui succombèrent à leur téméraire conspiration. — Madame, si, au milieu de soins infinis et continus qu'exige une place assiégée; au milieu des meurtres, des incendies, de toutes sortes de conflits et d'horreurs causés jour et nuit par le feu de l'ennemi, il devient urgent de se débarrasser d'un danger sans cesse menaçant, dans l'intérieur de la place, pour concerter tous les moyens pour la défense extérieure, les mesures prises dans ce but, même en faisant abstraction du cas d'une conspiration qu'on aurait découverte, auront-elles un caractère public ou privé? — Il y a plus, Madame, si, à la vue de tant de désastres, on eût jugé que ceux qui avaient attiré ces grands dangers pour le pays ne devaient point rester impunis, je veux même supposer que dans des situations aussi difficiles qu'extraordinaires, l'on eût jugé que de telles mesures dussent être prises pour se défendre jusqu'à outrance, je ne dirai point pour une cause nationale, comme était celle de la constitution, mais pour la cause d'un parti, et les partis existent toujours dans les secousses politiques; dans l'un et l'autre cas, de telles mesures seraient-elles censées être des actes individuels et privés, ou plutôt des actes publics ou politiques, bien ou mal fondés?—Pourquoi accorde-t-on des amnisties, si ce n'est que dans une guerre civile il se commet de part et d'autre une foule d'actes dont l'examen après la fin de la guerre serait impossible, car il serait à la fois injuste et impolitique? — Injuste, parce qu'après la crise passée, personne n'est capable de bien apprécier et de juger la position matérielle et morale des individus qui s'y trouvaient engagés. — Impolitique, parce que ce serait le moyen d'éterniser la discorde, les haines, les vengeances.—Or, de ce que je viens d'exposer, il résulte que les évènemens de la Corogne, sur lesquels on m'a intenté un procès, abstraction faite des circonstances particulières qui les justifient, ont nécessairement un caractère politique; et comme l'amnistie n'a point admis d'exceptions pour des actes semblables à ceux dont il est question, les procès et les sentences qui furent prononcées doivent être abolis, à moins qu'on ne veuille créer indirectement une exception qui laisserait l'amnistie incomplète.—L'honneur de l'exposant, Madame, est au-dessus de toute imputation de vengeance; jamais on ne lui reprochera d'être mû par la haine ou par un intérêt personnel. Le général Vigo est sorti de son pays pauvre et endetté; arraché à sa patrie par les bayonnettes étrangères, à la suite d'une capitulation honorable autant pour les prisonniers que pour les armes nationales (1); non-seulement à la Corogne, mais partout où il a combattu, l'exposant a contribué par son influence, son énergie et son autorité, à venger l'insulte faite, non à des individus, mais à la cause la plus sainte et la plus légitime, insulte dirigée contre la liberté et l'indépendance nationale. C'est pour cette noble cause qu'il s'est sacrifié : ce fait est notoire. Il peut aujourd'hui compter plus de quarante ans dans la carrière militaire; et qu'il lui soit permis de le rappeler, entre autres services signalés qu'il a eu le bonheur de rendre à sa nation, il fut le premier à commencer les opérations militaires contre l'armée d'invasion de Napoléon, et il scella de son sang la dernière bataille livrée aux Français sous les murs de Toulouse; les blessures par lui reçues dans cette mémorable bataille sont encore ouvertes, quoiqu'elles datent de plus de vingt ans.

Je dois soumettre à V. M. l'observation que je ne me croirais point digne de l'estime publique, si je n'avais la conscience que dans le service national, j'ai toujours agi avec un cœur droit, loyal et désintéressé, prenant, en toutes circonstances, conseil des exigences de mon devoir. — Permettez, Madame, que je finisse cette respectueuse représentation, comme je terminai celle que M. le duc de Frias me renvoya. — Je dirai, Madame, qu'en suppliant V. M. de daigner abolir le procès fulminé contre moi, de même que la sentence qui me condamne à mort, en ordonnant en même temps la restitution de tous mes biens et de tout ce qui m'a appartenu alors et depuis l'époque

-----

(1) Il est dit que malgré cela il a été livré aux factieux et plongé dans les cachots de Vitoria : un mois après il a été repris par les Français et conduit en France.

du séquestre, — je me crois fondé à penser que je n'agis pas seulement dans mon intérêt privé, mais encore dans celui de V. M., et même de toute la nation, puisque le maintien de tels procès et de leurs conséquences fait une exception à l'amnistie qui, selon le décret de V. M., du 15 octobre 1832, doit être la plus complète que les rois aient acccordée; tandis que la manière dont elle m'est appliquée, contrastant avec le système que V. M. a déclaré adopter, forme une anomalie qui tourne au discrédit du gouvernement, et éloigne du centre de la nation des hommes qui, animés, comme l'exposant, d'un patriotisme ardent, mais intègre et inflexible dans ses principes, offrent dans la fermeté de leur caractère la meilleure garantie aux gouvernemens qui, sans leur concours, ne peuvent assurer leur stabilité, au milieu des changemens rapides des temps et des circonstances. — Que Notre Seigneur garde l'importante vie de V. M. pendant longues années. — Paris, 15 février 1835, — Madame — A. L. R. p. de V. M., P. MENDEZ DE VIGO, maréchal-de-camp. — Maison de santé du docteur Pinel, rue Chaillot, n° 76. — — Paraphé pour copie conforme à l'original.

OBSERVATIONS.

Dans ma réponse à M. le Ministre de l'intérieur et dans ma consultation à S. M. la reine d'Espagne, je démontre bien nettement le point de vue sous lequel on doit considérer les évènemens de la Corogne et autres semblables; cependant il ne faut pas, en les publiant, laisser passer impunément les assertions malicieusement erronées du rapport de M. le duc de Frias.

Selon M. le duc « le gouvernement n'a jamais eu l'intention de « me priver de la faculté de rentrer en Espagne depuis que le décret « d'amnistie n'a plus laissé subsister aucune exception. » C'est ainsi qu'on devait le croire, et on le croirait, si des faits positifs ne prouvaient pas que les exceptions *subsistent toujours* et que l'ancienne proscription est dans toute sa force. Pourquoi, si non, les propriétés des libéraux mis en jugement par les ministres de la réaction, sont encore dans le même état de séquestre? Pourquoi les procès instruits par des tribunaux exceptionnels ou plutôt par des commissions spéciales, n'ont-ils pas été abolis, lorsque les juges qui les commencèrent ont été reconnus illégaux? Pourquoi ces procès sont-ils devant les tribunaux des *audiencias*? Mais on voit bien que M. le duc, qui assure que l'*amnistie* ne s'oppose pas à mon retour en Espagne, veut faire entendre que ce qui s'y oppose, c'est un procès intenté contre moi par suite d'un délit commun; et il parait si certain de cela, qu'il ne lui en reste aucun doute; autrement ne se serait-il pas fait un devoir de transmettre ma consultation à son gouvernement et de me faciliter les moyens d'obtenir une réponse définitive? Pour M. le duc, il suffit de la qualification inventée par les juges de Ferdinand VII et de ses satellites, tels par exemple que le comte d'Ofalia; on peut en avoir la preuve dans la manière dont il raconte les évènemens de la Corogne; son récit a évidemment pour but de justifier la persécution active que ceux qui en furent les auteurs souffrirent lorsque Ferdinand ressaisit le pouvoir absolu.

Dans ma lettre à M. le ministre de l'intérieur, j'ai indiqué que le rapport de M. l'ambassadeur d'Espagne n'était qu'une calomnie ; je vais prouver que c'est un tissu de mensonges , et le public jugera : c'est le seul tribunal que je reconnaisse dans ces matières, et le seul devant lequel j'interjette appel dans mon malheur.

Monsieur le duc dit (voir son rapport dans les documens qui précèdent), que c'est de notoriété publique que les évènemens en question arrivèrent « à l'époque où le général Vigo commandait à la « Corogne. » C'est M. le général Quiroga qui avait alors l'honneur de commander dans cette place, tandis que M. le duc de Frias avait fait sa soumission volontaire, il y avait long-temps, au gouvernement factieux que soutenait la force étrangère : en cela manquant à l'honneur comme militaire, manquant à la dignité de son rang comme grand du royaume, foulant aux pieds sa parole et le serment qu'il avait prêté comme conseiller d'état, trahissant son pays, et qui plus est , trompant la confiance du congrès qui l'avait proposé pour remplir le premier emploi du système constitutionnel. Je le répète, l'honneur de commander à la Corogne appartenait à M. le général Quiroga qui était le chef de la quatrième armée d'opérations, et qui se trouvait dans la place, depuis le 15 juillet qu'on y mit le siége ; j'étais sous ses ordres immédiats, et ayant mérité sa confiance et son estime , je restai sous ses ordres depuis le jour où la place fut assiégée jusqu'à quinze jours après que nous en sortîmes ensemble pour nous rendre à la place de Vigo et remplir les ordres que nous avions reçus du gouvernement. Les deux lettres officielles qui suivent, la première de M. le général Quiroga, la seconde de M. le général Novella qui lui succéda dans le commandement, prouveront mon assertion.

« Quatrième armée d'opérations. — Les journaux vous annoncent « comme maréchal de camp et chef de l'état-major de l'armée. Quoi- « que cela ne soit pas officiel, les circonstances présentes m'imposent « le devoir de vous prévenir que vous devez aller à Vigo pour prendre « le commandement des troupes qui sont dans la place , et vous « mettre d'accord avec le maréchal de camp don Antonio Rosello, « qui, en qualité de chef en second de l'armée, doit commander les « forces qui sont en dehors. Votre activité et le zèle avec lequel vous « servez le pays n'ont pas besoin d'être stimulés; il ne faut pas non « plus vous montrer combien il est nécessaire et pressant de faire « lever par tous les moyens possibles le siége de cette place, et de « manœuvrer sans compromettre un engagement sérieux, en sorte que « l'ennemi soit incommodé, et que même attiré hors de la grande « route, il soit réduit à l'impossibilité de se servir de la cavalerie. « Dieu vous garde , etc. Corogne, 29 juillet 1823. *Signé*, ANTONIO « QUIROGA. — A M. le chef de l'état-major de la quatrième armée « d'opérations, le maréchal de camp des armées nationales, don PEDRO « MENDEZ DE VIGO. »

« Quatrième armée d'opérations. — J'ai pris connaissance de votre « lettre officielle et de la liste ci-jointe de MM. les officiers qui vous « accompagnent, ainsi que de tous les autres détails qu'elle contient;

« je dois vous répondre que j'envoie la liste mentionnée à MM. les
« chefs des corps auxquels appartiennent ces officiers, afin de les
« en prévenir, ne pouvant pas y comprendre le colonel don Juan
« Lopez Campillo, par la même raison que vous avez pour désirer
« qu'il vous accompagne, car il jouit de la confiance des troupes
« qu'il commande, et nulle part il ne sera plus utile qu'à la tête de
« celles qui défendent la place (1). Quant aux chirurgiens que vous
« me demandez, ceux de la 1re division lui sont si nécessaires que
« je n'en puis disposer d'aucun; mais puisque le chirurgien-major
« est avec vous, celui-ci peut vous proposer ceux dont vous avez be-
« soin. J'ai déjà ordonné qu'on lui remette une boîte d'instrumens
« de sa faculté, pourvu que l'hôpital de la place ou l'ambulance n'en
« ait pas un besoin absolu. Quoique vous sachiez bien l'état de pénurie
« où se trouve la trésorerie, je donne les ordres nécessaires à l'inten-
« dant de l'armée, afin que les mille deux cents réaux que vous avez
« suppléés ces jours-ci, vous soient remboursés, avec un mois de
« votre traitement, s'il y a des fonds pour vous le donner (2). Dieu, etc.
« Corogne, le 30 juillet 1823. *Signé*, FRANCISCO NOVELLA. Señor don
« PEDRO MENDEZ DE VIGO, maréchal de camp des armées nationales. »

Suivons M. le duc. « Cinquante et un détenus politiques, ajoute-t-il,
« dans son rapport, furent retirés à l'approche des troupes françaises
« du fort San-Anton où ils se trouvaient emprisonnés. » Ces prisonniers ne furent retirés du fort San-Anton que *huit jours* après que les
Français avaient mis le siége à la place; on les retira le 23, et ce fut
à cause d'une conspiration ourdie par eux et découverte fort à pro-
pos, car les défenseurs de la Corogne furent bien près d'être massa-

---

(1) Je crois devoir ici faire mention du service que dans une telle crise rendit
à son pays M. le marquis de Villacampo, 1er adjudant d'état-major. Ce brave officier
venait d'arriver de Cadix; malgré l'aspect décourageant de notre situation, il ne
voulut pas moins me suivre à Vigo pour prendre part aux opérations de l'armée, et
m'accompagna jusqu'au moment où nous fûmes faits prisonniers de guerre ensemble à Maïde, dans la vieille Castille.

L'honneur de l'Espagne n'aurait pas éprouvé une si terrible atteinte, si au lieu
d'imiter la noble conduite de l'illustre Villacampo, tant de personnages qui jouent
maintenant le rôle de libéraux, n'eussent pas tourné le dos à l'ennemi, se sou-
mettant à toutes les humiliations par où la faction contraire voulut les faire passer.
Ces vils fuyards sont ceux qui comme M. le duc de Frias éprouvent aujourd'hui des
accès de philanthropie, et qui se croient les *exclusifs*. Après avoir hérité du gouvernement despotique de Ferdinand, ils se sont faits la personnification de la modération, comme d'autres personnages non moins affamés ni moins empressés de trancher
d'importance.

(2) C'est la seule partie de mon traitement que j'aie touchée pendant les quatre
mois que j'eus l'honneur d'être gouverneur de la Corogne : dans cet intervalle je
payai souvent de ma bourse les travaux pour continuer les réparations de la fortifi-
cation de la place; grâces à l'épuisement où le général Murillo avait eu soin de laisser
la caisse de l'armée. Je fus trompé par cet homme jusqu'au dernier instant, et lors-
qu'il déserta, l'amitié qu'il m'avait inspirée et les protestations d'attachement qu'il
affectait d'y multiplier, m'auraient coûté cher si mon zèle n'eût pas été si connu, et
si je ne me fusse pas décidé à montrer ma correspondance avec franchise.

crés par les conspirateurs, qui, une fois maîtres de l'artillerie du fort, auraient pu seconder l'assaut des troupes qui s'approchaient déjà des remparts d'une place indéfendable. Dans la matinée du 22, un officier nommé Trigo avait déserté à la tête d'un fort détachement de troupes et avec 300 prisonniers qu'il gardait dans un ponton. Deux jours auparavant avaient aussi déserté à l'ennemi les chaloupes canonnières que nous avions. A chaque instant on apprenait la fuite de quelque personne qui avait une influence sur le moral du peuple. Qu'il est difficile de comprendre une situation si dangereuse, un conflit si accablant ! Figurez-vous les angoisses et la responsabilité de ceux qui s'y sont trouvés ! On refuse aux hommes qui se tirent avec bonheur de pareils embarras le droit d'en sortir, parce que cela suppose de l'énergie et peut-être des qualités que les intrigans n'ont pas et qu'ils ne veulent jamais accorder aux honnêtes gens !

Enfin, pour mieux achever son rapport, M. l'ambassadeur affirme que les prisonniers furent poussés en mer et sans *jugement préalable* noyés avec une atrocité révoltante !!! Et ne sait-il pas, M. le duc, que ces détenus politiques étaient les complices dans le procès de Burgos, jugés par leur tribunal légitime, et déjà condamnés à mort ? que c'était le conspirateur Escandon, jugé aussi et condamné à mort; des factieux pris les armes à la main, des assassins, et autres malfaiteurs factieux, tels que le *Navarro* Larrea qui avait arraché les yeux avec la pointe de la baïonnette à un individu de la milice nationale, fait prisonnier ? Ne sait-il pas non plus, M. le duc, que malgré l'exaspération occasionée par la trahison de ces criminels, et malgré le danger où nous nous trouvions, l'innocence fut respectée ? N'épargna-t-on pas les deux fils du brigadier Escandon, prisonniers avec leur père dans le fort ? n'eut-on pas compassion d'un autre criminel de Burgos condamné à mort qui était malade, bien qu'il se trouvât dans la même prison ? En vérité, le juge délégué pour le procès en question, *l'exécrable Salelles*, ne fut pas si pointilleux dans l'exercice de ses fonctions puisqu'il fit pendre, *pro tribunali*, et furent en effet pendus, deux braves officiers, *don Antonio Frade* et *don Josè Rodriguez*, adjudant de la place, quoiqu'ils n'eussent eu aucune part dans cet évènement et qu'ils se trouvassent même employés dans un service important dans cette nuit dangereuse.

Ne sait-il pas, M. le duc, que jusqu'alors et dans l'espace de quatre mois, ces mêmes prisonniers avaient joui de toute la sûreté que réclamait leur position, et que leur vie avait été protégée par la surveillance infatigable du général Vigo, gouverneur de la place ? Il est certain qu'aucun de ces individus n'a été noyé; ils ne furent jetés dans la mer qu'après leur exécution. Du reste, si des patriotes décidés ne reculèrent pas devant le risque de rendre à l'humanité ce service terrible, mais bien positif, c'est qu'ils avaient la conviction combien il importait de ne laisser aucun de ces hommes en position de semer de nouvelles atrocités et de grossir encore la faction barbare des carlistes.

Si donc M. le duc ne sait rien de tout cela, pourquoi vient-il faire des contes comme on en faisait parmi les gens dont il mendiait alors la faveur ? car M. le duc suivit l'exemple, non du vraiment *grand*, du vraiment noble comte d'Oñate, digne successeur de Gusmau-le-Bon, de l'illustre et courageux duc del Parque, mort à Cadix après avoir été si maltraité, ni d'autres grands et conseillers d'Etat, fidèles à l'honneur et à la religion de leur serment, mais celui de son père, ambassadeur de Joseph Buonaparte à Paris, et celui de son aïeul le comte d'Haro, le bourreau de Padilla, de Bravo, de Maldonado et de tant d'autres héros, le liberticide de l'Espagne, à qui le tyran Charles-Quint disait dans une de ses lettres : « Une telle œuvre, on l'attendait de » vous ; elle est conforme à ce que vous et vos ancêtres avez toujours » fait jusqu'à présent, et que vous continuerez à faire, j'en suis certain, » dorénavant. »

Avant de parler d'atrocités dont il n'a aucune connaissance, M. le duc aurait dû réfléchir sur les mesures qu'on prend et qu'on fait exécuter maintenant en Navarre, pour soutenir contre les carlistes, auxquels a appartenu M. le duc, le gouvernement quasi-libéral que représente aujourd'hui ce même M. le duc. Et il aurait dû réfléchir aussi que son rapport, ayant pour objet la justification des procès intentés aux patriotes et des sentences de mort prononcées contre eux, n'est que l'apologie des mesures de son parti qui les assassinait par milliers, comme il est démontré dans les *Fourches-Caudines* et dans d'autres écrits confirmés par des documens et des faits plus authentiques que la prétendue notoriété sur laquelle M. le duc base son calomnieux récit.

Si son intention, comme il paraît, a été de me représenter comme coupable d'un délit commun, il y a contradiction dans son rapport, car il assure que j'ai été compliqué dans l'affaire de la Corogne à raison des importantes fonctions que j'y exerçais alors. Eh bien, dans ma position et dans celle des détenus, l'idée d'une agression personnelle serait absurde; il n'y a donc pas matière à un procès de délit commun. Mais si, comme dit plus bas M. le duc, je dois, mieux que personne, savoir la part que peut réclamer la politique dans la sentence de mort portée contre moi, pourquoi ne remit-il pas à son gouvernement mes représentations et ne provoqua-t-il une résolution quelconque? pourquoi va-t-il parler à un gouvernement étranger de choses que je dois savoir mieux que lui, puisque, de son propre aveu, je les dois savoir mieux que personne?

Les propositions qui terminent le rapport de M. le duc, mettent en évidence le motif de sa conduite; c'est le même qui fait que le gouvernement actuel d'Espagne maintient ces procès illégaux et iniques : on tend ainsi aux patriotes les plus dévoués un filet où ils puissent se perdre pour toujours, s'ils ont le malheur d'y tomber.

Consentir à être jugé pour délit commun, ne serait-ce pas agir contre sa conviction, et se livrer à des juges qui, par le seul fait de se prêter à la continuation de pareils procès, montreraient qu'ils partagent les opinions de M. le duc, et par conséquent qu'ils sont entachés de partialité?

Juger les patriotes en leur qualité d'anciens fonctionnaires, M. le duc sait bien que ce n'est plus praticable, par les raisons que j'ai eu l'honneur d'exposer à S. M. la reine.

Demander grâce... ou, selon l'expression de M. le duc, implorer la clémence du gouvernement !!! Il est inutile de remarquer que le patriote qui s'avilirait à ce point, tomberait dans un état complet de nullité dans l'opinion publique, et resterait à la merci du gouvernement. Et voilà ce qu'on veut; mais, à cette condition, qu'on me ferme pour toujours les portes d'un pays que je renoncerais à appeler ma patrie. Quand il méritera ce nom, quand il aura la liberté dont il est si digne, alors la justice aura sa part au pouvoir, et alors je promets à MM. le duc de Frias et le comte d'Ofalia, de soutenir devant la loi mon assertion qu'ils sont des calomniateurs, abusant de leur haute position, et des traîtres à la cause nationale. En attendant, je le ferai imperturbablement et avec ma plume de fer, devant le tribunal de l'opinion, sûr, pour ma part, de m'y pouvoir présenter sans aucune souillure de parjure, de lâche vengeance ou d'intrigue sordide (1).

Demander grâce!!! et de quoi, s'il vous plaît? de ne pas avoir apostasié dans ma foi politique? d'avoir gardé religieusement mon serment? d'avoir été fidèle à mes drapeaux? d'avoir consacré quarante ans de services distingués à mon pays, et d'avoir versé mon sang pour sa défense? d'avoir été inflexible dans l'observance de mes devoirs? d'avoir tout sacrifié, tout exposé, jusqu'à ma réputation (car voyez comme on la traite), pour contribuer à sauver ma patrie chérie, à sauver au moins son honneur? de compter douze ans d'injuste proscription, des chagrins et des souffrances sans terme?

Il n'y a qu'un lâche, un traître, un duc de Frias qui pût faire des propositions semblables pour le seul plaisir d'insulter le malheur. Un tel scandale ne peut passer impuni que dans une époque si orageuse et si immorale. Jour de réparation, combien te fais-tu attendre!

P. Mendez de Vigo.

---

(1) Un journal anglais, le *Globe* du 18 octobre 1834, à l'occasion du rejet de l'emprunt Guebhard, signale les individus à qui cet emprunt avait valu la somme de 63,200,000 fr. À côté de Ferdinand, des princesses et de la reine elle-même, et parmi les Aguado, les Burgos, les Ballesteros, les Encima-y-Piedra, les Goicochea, les Ugarte (don Antonio), les Salcedo, les Grijalba, les Miñano, les Carresi et les Guebhard, figure pour un million de francs, le célèbre comte d'Ofalia, ambassadeur à Paris et chargé à la même époque de négocier un emprunt anglais. Oh! le digne fils de son père, qu'on dit avoir été employé à l'octroi de Grenade!

PARIS, IMPRIMERIE DE H. FOURNIER,
RUE DE SEINE, N. 14.

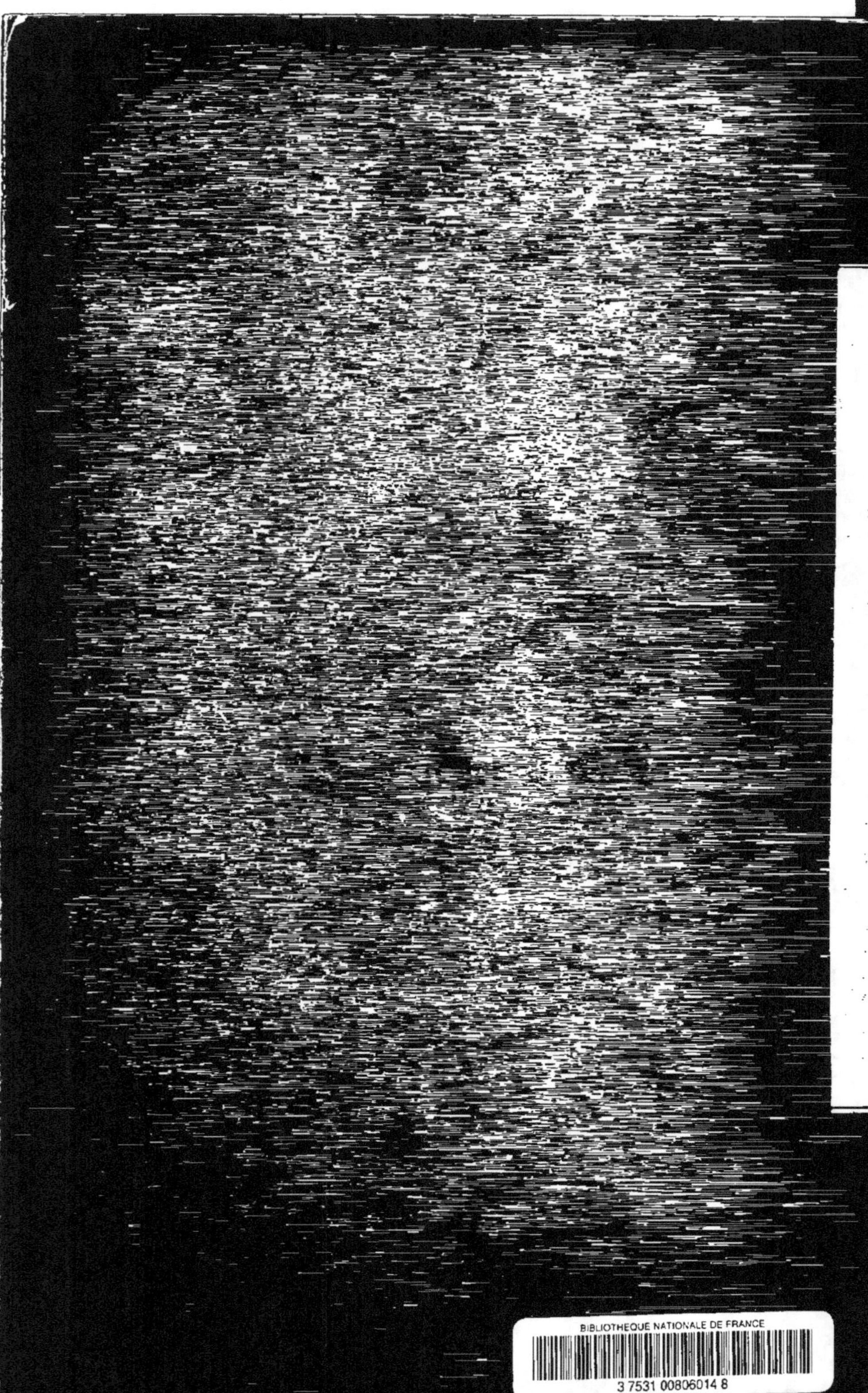